Für

Von

No. 48

Schöner lesen!

Sammlung AUGUSTINA

ISBN 978-3-649-64881-9

© 2024 Coppenrath Verlag GmbH & Co. KG

Hafenweg 30, 48155 Münster, Germany

Grafische Gestaltung: Daniela Lengers Grafik-Design, Laer

Redaktion: Nina Sträter

www.coppenrath.de

IN DER RUHE LIEGT DAS GLÜCK

Nimm dir Zeit für dich

COPPENRATH

*D*enke immer daran,
dass es nur eine wichtige Zeit gibt:
Heute. Hier. Jetzt.

LEO N. TOLSTOI

Nimm dir Zeit

zum Nachdenken,
das ist die Quelle der Kraft.
Nimm dir Zeit zum Spielen,
das ist das Geheimnis der Jugend.
Nimm dir Zeit zum Lesen,
das ist das Fundament des Wissens.
Nimm dir Zeit für die Andacht,
das wäscht den irdischen Staub von den
Augen.
Nimm dir Zeit für deine Freunde,
das ist die Quelle des Glücks.
Nimm dir Zeit zum Lieben,
das ist der wahre Reichtum des Lebens.
Nimm dir Zeit zum Träumen,
das ist der Weg zu den Sternen.
Nimm dir Zeit zum Lachen,
das ist die Erleichterung, welche die Bürde
des Lebens tragen hilft.

IRISCHER SEGENSWUNSCH

MANCHMAL

IST DAS WICHTIGSTE

AM GANZEN TAG

DIE PAUSE,

DIE WIR ZWISCHEN

ZWEI TIEFEN ATEMZÜGEN

MACHEN.

ETTY HILLESUM

Wir müssen von Zeit zu Zeit
eine Rast einlegen und warten,
bis unsere Seelen uns wieder eingeholt haben.

WEISHEIT DER INDIGENEN AMERIKANER

Wenn du das Tiefste in dir ergreifen willst,
musst du eine

Pause

machen können.

AUS FRANKREICH

Den Puls des eigenen Herzens fühlen.
Ruhe im Innern, Ruhe im Äußern.
Wieder Atemholen lernen, das ist es.

CHRISTIAN MORGENSTERN

Nach langer Arbeit glücklichem Vollbringen
mit süßem Nichts die Tage zu verträumen,
bei jedem flüchtigen Genuss zu säumen,
am Großen sich ergötzend und Geringen;

aus edlen Dichtern einen Vers zu singen,
gestreckt ins Gras, wo laute Quellen schäumen,
an Rosenhecken, unter Lindenbäumen
das Leben unbesorgt dahinzubringen;

im Mai die Stirn mit jungem Laub zu krönen,
die lauen Nächte, bis es wieder taget,
durch Weingenuss und Liebe zu verschönen:

Dies ist, und wenn mich auch darob verklaget
ein Sittenrichter, der es will verpönen,
das Einzige, was meinem Sinn behaget.

AUGUST VON PLATEN

Leben alleine ist nicht genug.
Sonne, Freiheit und
eine kleine Blume braucht man.

Ruhig sitzen, nichts tun.
Der Frühling kommt
und das Gras wächst von allein.

Ich bin immer, auch im Leben,
für Ruhepunkte.
Parks ohne Bänke
können mir gestohlen bleiben.

THEODOR FONTANE

*Auch die Pause
gehört zur Musik.*

STEFAN ZWEIG

Nimm dir täglich Zeit,
still dazusitzen und zu lauschen.

SIDDHARTHA GAUTAMA

Das richtige Wort zur richtigen Zeit
mag effektiv sein,
aber kein Wort war jemals so effektiv
wie eine Pause zur rechten Zeit.

MARK TWAIN

Zeit ist das begrenzteste Mittel,
das du zur Verfügung hast.
Deshalb nimm dir Zeit,
den Duft der Rosen zu genießen.

AUS IRLAND

Die *Zeit* ist für den Menschen da,
nicht der Mensch für die Zeit.

JOHANN GOTTFRIED SEUME

KLARER TAG

Der Himmel leuchtet aus dem Meer;
ich geh und leuchte still wie er.
Und viele Menschen gehn wie ich,
sie leuchten alle still für sich.

Zuweilen scheint nur Licht zu gehn
und durch die Stille hinzuwehn.
Ein Lüftchen haucht den Strand entlang:
o wundervoller Müßiggang.

RICHARD DEHMEL

Die Langsamkeit
bietet die Chance,
das, was wir tun,
auch zu erleben.

HENRIETTE HANKE

Was nützen dir
Liebe, Glück, Bildung, Reichtum,
wenn du dir nicht die Zeit nimmst,
sie in Muße zu genießen?

EMILIE VON GLEICHEN-RUSSWURM

Muße? Das ist das Gegenteil von Nichtstun. Es ist gesteigerte Empfänglichkeit, ein Tun, das nicht aus dem Zwang der Not kommt, nicht aus der Gier nach Gewinn, nicht aus dem Gebot oder der Pflicht, sondern allein aus Lust der Liebe und der Freiheit. Es ist die anspruchsvollste aller Beschäftigungen, weil sie aus dem Kern unseres Wesens hervorgeht und aus der Freude am Schaffen selbst getan wird. Es ist vor allem die unverwelkliche Fähigkeit zum Staunen und zum Ergriffensein.

CHRISTOPH WILHELM HUFELAND

Ein Mönch hatte sich in die Einsamkeit zurückgezogen, um sich der Meditation widmen zu können. Einmal kam ein Wanderer zu seiner Einsiedelei und bat ihn um etwas Wasser. Der Mönch ging mit ihm zur Zisterne. Dankbar trank der Fremde den Becher leer und fragte dann: „Sag mir, welchen Sinn siehst du in deinem Leben in der Stille?"

Der Mönch wies auf das aufgewühlte Wasser und antwortete: „Schau in die Zisterne! Was siehst du?"

Der Wanderer blickte tief hinein, dann hob er den Kopf und sagte: „Ich sehe nichts."

Nach einer kleinen Weile forderte der Mönch ihn nochmals auf: „Schau auf das Wasser der Zisterne. Was siehst du jetzt?"

Noch einmal blickte der Fremde auf das Wasser und antwortete: „Jetzt sehe ich mich selber!"

„Damit ist deine Frage beantwortet", erklärte der Mönch. „Als du zum ersten Mal in die Zisterne schautest, war das Wasser vom Schöpfen unruhig, und du konntest nichts erkennen. Jetzt ist es ruhig – und das ist die Erfahrung der Stille: Man sieht und erkennt sich selber!"

WEISHEITSGESCHICHTE

Willst du *glücklich* sein,
dann verzichte
auf unnütze Geschäftigkeit.
Halte inne, beruhige deinen Geist
und lausche deinem Leben.

AUS ASIEN

Je stiller du bist,
desto mehr kannst du hören.

AUS CHINA

Es gibt vielerlei Lärm,
aber es gibt nur eine

Stille.

KURT TUCHOLSKY

Geh deinen Weg ruhig
inmitten von Lärm und Hast und wisse,
welchen Frieden die Stille
zu schenken vermag.

IRISCHER SEGENSWUNSCH

UNSERE

GRÖSSTEN ERLEBNISSE

SIND NICHT

UNSERE LAUTESTEN,

SONDERN UNSERE

STILLSTEN STUNDEN.

JEAN PAUL

*Nur die Ruhe
ist die Quelle
jeder großen
Kraft.*

FJODOR M. DOSTOJEWSKI

Nur im ruhigen Teich
spiegelt sich
das Licht der Sterne.

AUS CHINA

Lass deinen *Geist* still werden
wie einen Teich im Wald.
Er soll klar werden wie Wasser,
das von den Bergen fließt.
Lass trübes Wasser zur Ruhe kommen,
dann wird es wieder klar,
und lass deine schweifenden Gedanken
und Wünsche zur Ruhe kommen.

SIDDHARTHA GAUTAMA

Ausruhen

ist keine Faulheit, und ab und zu an einem Sommertag im Gras unter den Bäumen zu liegen, das Murmeln von Wasser zu hören oder die Wolken anzuschauen, die am Himmel entlangziehen, ist in keinem Fall eine Zeitverschwendung.

JOHN LUBBOCK

SOMMERFRISCHE

Zupf dir ein Wölkchen aus dem Wolkenweiß,
das durch den sonnigen Himmel schreitet,
und schmücke den Hut, der dich begleitet,
mit einem grünen Reis.

Versteck dich faul in der Fülle der Gräser,
weil's wohltut, weil's frommt.
Und bist du ein Mundharmonikabläser
und hast eine bei dir, dann spiel, was dir kommt.

Und lass deine Melodien lenken
von dem freigegebenen Wolkengezupf.
Vergiss dich. Es soll dein Denken
nicht weiter reichen als ein Grashüpferhupf.

JOACHIM RINGELNATZ

Die Natur ist die große Ruhe gegenüber unserer Beweglichkeit. Darum wird sie der Mensch immer mehr lieben, je feiner und beweglicher er werden wird. Sie gibt ihm die großen Züge, die weiten Perspektiven und zugleich das Bild einer bei aller unermüdlichen Entwicklung erhabenen Gelassenheit.

CHRISTIAN MORGENSTERN

Es liegt eine wunderbare

Heilkraft

in der Natur.
Oft gibt der Anblick
eines schönen Abendhimmels,
der Duft einer Blume
der bedrückten Seele
Hoffnung und Lebensmut zurück.

SOPHIE VERENA

*I*ch ging zu einem Spaziergang hinaus
und beschloss schließlich,
bis Sonnenuntergang zu bleiben.
Hinausgehen, fand ich heraus,
bedeutet eigentlich, hineinzugehen.

JOHN MUIR

Meine tiefe Ehrfurcht
gegenüber der Schöpfung steigt jedes Mal,
wenn ich das Wunder
eines Sonnenuntergangs betrachte
oder die Schönheit des Mondes.

MAHATMA GANDHI

Die Welt
ist voll von kleinen Freuden;
die Kunst besteht nur darin,
sie zu sehen,
ein Auge dafür zu haben.

LI BAI

BLICK FÜR KLEINIGKEITEN

Die meisten Menschen wissen gar nicht, wie schön die Welt ist und wie viel Pracht in den kleinsten Dingen, in irgendeiner Pflanze, einem Stein, einer Baumrinde oder einem Birkenblatt sich offenbart. Die erwachsenen Menschen, die Geschäfte und Sorgen haben und sich mit lauter Kleinigkeiten quälen, verlieren allmählich ganz den Blick für diese Reichtümer, welche die Kinder, wenn sie aufmerksam sind, bald bemerken und mit dem ganzen Herzen lieben.

RAINER MARIA RILKE

Ein Mann, der auf dem Land in einem kleinen Dorf weit entfernt von der nächsten Stadt wohnte, besuchte zum ersten Mal seinen Freund in der Großstadt.

Er war sehr verwirrt vom vielen Lärm, von der Hektik und von der schlechten Luft. Als sie nun durch die belebte Einkaufsstraße liefen, blieb der Landbewohner plötzlich stehen und horchte auf. „Ich höre irgendwo eine Grille zirpen", sagte er.

„Das ist unmöglich", lachte sein Freund. „Hier in der Stadt gibt es keine Grillen, und selbst wenn, dann würde man sie bei diesem Lärm nicht hören."

Der Dörfler ließ sich jedoch nicht beirren, ging in paar Schritte und blieb dann vor einem mit Efeu bewachsenen Haus stehen. Er schob die Blätter auseinander und tatsächlich: Da saß die Grille.

„Dein Gehör ist einfach viel besser geschult als meines", sagte der Großstädter bewundernd. Sein Freund schüttelte den Kopf. „Das stimmt nicht, ich werde dir das Gegenteil beweisen."

Er griff in seine Tasche und holte eine kleine Münze heraus. Als er sie auf den Boden warf, ertönte ein leises „pling". Sofort blieben mehrere Leute stehen und sahen sich um.

„Siehst du, mein Freund, es liegt nicht am Gehör. Was wir wahrnehmen können oder nicht, liegt ausschließlich an der Richtung unserer Aufmerksamkeit."

WEISHEITSGESCHICHTE

DIE RUHE

IST EINE

LIEBENSWÜRDIGE FRAU

UND WOHNT

IN DER NÄHE

DER WEISHEIT.

EPICHARM

Das sind die *Stunden,* da ich mich finde.
Dunkel wellen die Wiesen im Winde,
allen Birken schimmert die Rinde,
und der Abend kommt über sie.

Und ich wachse in seinem Schweigen,
möchte blühen mit vielen Zweigen,
nur um mit allen mich einzureigen
in die einige Harmonie ...

RAINER MARIA RILKE

Es gibt Wichtigeres im Leben,
als beständig
dessen Geschwindigkeit zu erhöhen.

MAHATMA GANDHI

Das Glück
ist wie ein Schmetterling:
Wenn wir es jagen,
vermögen wir es nicht zu fangen,
aber wenn wir ganz ruhig innehalten,
dann lässt es sich auf uns nieder.

NATHANIEL HAWTHORNE

Je weniger Dinge
man auf Erden
wichtig nimmt,
desto näher kommt man
den wirklich
wichtigen Dingen.

FEDERICO GARCÍA LORCA

Wer am Tag träumt,
wird sich vieler Dinge bewusst,
die dem entgehen,
der nur nachts träumt.

EDGAR ALLAN POE

Sechzig Sekunden
der Träumerei
sind sechzig Sekunden
lebendiger Ruhe
für Leib und Geist.

PRENTICE MULFORD

Meine Zeit teile ich so ein:
Die eine Hälfte verschlafe ich,
die andere verträume ich.
Wenn ich schlafe, so träume ich nie.
Das wäre Sünde.
Schlafen
ist die höchste Genialität.

SØREN KIERKEGAARD

Halte dir jeden Tag
dreißig Minuten für deine Sorgen frei –
und mache in dieser Zeit ein Nickerchen.

ABRAHAM LINCOLN

GANZ STILL EINMAL…

Ganz still einmal im Grünen liegen
dürfen… zu einem sommerblauen
Himmel sehn, mit weißen Wolken…
und auf das Zwitschern in den Wip-
feln hören… auf das Geriesel heimli-
cher Quellen… den Duft der Luft ein-
schlürfen und des blühenden Laubes,
die selige Ruhe rings des vollen, reifen
Lebens… ganz still, und nicht zu denken haben an all die hundert nichtigen
Notwendigkeiten, die so und so viel
Sorglichkeit und Müh erfordern, und
nur: damit das Pendelwerk des Tags
nicht stehen bleibt… ganz still einmal
im Grünen liegen können
und alles
vergessen dürfen, was man soll und
muss… und will! für andere und für
sich! und will und soll und muss!

Und seine Träume
gleich Schmetterlingen gaukeln lassen,
sonnenselig,
von Rosenstrauch zu Rosenstrauch,
mit schimmernden Flügeln, das flim-
mernde Tal hin, über goldene Felder
und wallende Flüsse zu duftverlorenen
fernen Höhn und weiter, tief und immer tiefer, ins uferlose Blau des Him-
mels ... sonnenselig ...
ganz still einmal so liegen können
und ohne dass
auch diesem Tag dann wieder vom
Kirchturm drüben eine Glocke klingt
und ohne dass
auch dieser Tag dann wieder im Grau
der Abenddämmerung untersinkt!

CÄSAR FLAISCHLEN

Ich wünsche jedem
ein trautes Plätzchen,
wo er dann und wann
die ganze Welt
vergessen kann.

JULIUS FREUND

Man kann einen seligen, seligsten Tag haben,
ohne etwas anderes dazu zu gebrauchen
als blauen Himmel und grüne Erde.

JEAN PAUL

An einem *schönen Tag*
im Schatten zu sitzen
und ins Grüne zu schauen
ist die wunderbarste Erfrischung.

JANE AUSTEN

Während ich mich an einem schwülen Tag
auf den trägen Wassern des Sees treiben lasse,
höre ich fast auf zu leben
und fange an zu sein.

HENRY DAVID THOREAU

Man sollte auch an Wochentagen
ein paar Augenblicke

Sonntag

sein lassen.

VERFASSER UNBEKANNT

Die Arbeit läuft dir nicht davon,
wenn du deinem Kind einen Regenbogen zeigst.
Aber der Regenbogen wartet nicht,
bis du mit der Arbeit fertig bist.

AUS CHINA

SELIG SIND

DIE STUNDEN

DES NICHTSTUNS,

DENN IN IHNEN

ARBEITET

UNSERE SEELE.

EGON FRIEDELL

DIE ZEIT EIN STETES HEUTE

Was heute gestern heißt,
das hieß man gestern heute.
Was heute morgen ist,
wird morgen heute sein.
Und dennoch sorget ihr für morgen,
blinde Leute!
Weil's morgen heut auch ist,
so sorgt für heut allein.

NICOLAUS LUDWIG ESMARCH

*L*aufe nicht der Vergangenheit nach,
verliere dich nicht in der Zukunft.
Die Vergangenheit ist nicht mehr.
Die Zukunft ist noch nicht gekommen.
Das Leben ist hier und jetzt.

SIDDHARTHA GAUTAMA

Sage nicht: Wenn ich Zeit dazu habe.
Vielleicht hast du nie Zeit dazu.
Wenn nicht jetzt –

wann dann?

AUS DEM TALMUD

Rosen pflücke, Rosen blühn,
morgen ist nicht heut!
Keine Stunde lass entfliehn –
flüchtig ist die Zeit!

Trink und küsse! Sieh, es ist
heut Gelegenheit!
Weißt du, wo du morgen bist?
Flüchtig ist die Zeit!

Aufschub einer guten Tat
hat schon oft gereut!
Hurtig leben ist mein Rat –
flüchtig ist die Zeit!

JOHANN WILHELM LUDWIG GLEIM

Nichts
wird so oft
unwiederbringlich
versäumt
wie eine Gelegenheit,
die sich täglich
bietet.

AUS CHINA

Lebe wohl,
koche gut,
denke langsam
und klar
und lies
was Gescheites.

HUGO VON HOFMANNSTHAL